그 어떤 순간도 결코,
외롭지 않았으면 좋겠다

그 어떤 순간도 결코,
외롭지 않았으면 좋겠다

양경민(글토크) 지음

글

아무리 애를 써도 어떤 일은 기어코 일어납니다.

시간이 해결해주는 일도 있지만

어떤 일은 내 마음 안에서 답을 찾아야 합니다.

이미 일어난 상황을 바꿀 순 없더라도

그다음은 결국 내가 만들어가는 거니까.

나를 밀어내는 감정이 아닌

나를 믿어내는 감정으로,

그 긴 여정에 조금이나마

도움이 되길 바라며.

그 어떤 순간도, 그 누구도 외롭지 않도록.

프롤로그

미처 알지 못했을 뿐,
그것이 너의 전부는 아니야

텅 비어버린 마음으로 살아가는 순간이 있습니다. 무얼 해도 재미없고 의욕도 바닥나버려 공허한 마음으로 '이 밤이 지나면 괜찮아질까?' 하는 질문을 도돌이표처럼 반복합니다. 마땅한 답을 찾지 못한 걱정을 아무렇지 않은 듯 던져버리고 싶습니다.

나와 비슷한 당신도 혹시 모를 작은 위로를 바라며 이 책을 펼쳤을지 모르겠습니다. 이 시기를 어떻게 이겨내야 할지 방법이 떠오르지 않아 오늘도 깊은 한숨을 내쉬었을 거라 감히 예상해 봅니다.

용기를 내 보았습니다. 마음 저 밑바닥까지 가라앉은 고통과 이유 모를 불안을 끄집어내 글로 써보자고. 잠잠히 덮여있던 감정을 굳이 들추어 마주하는 건 쉽지 않은 일이었습니다. 진흙이 잔뜩 묻은 감정을 쏟아내는 일이 탐탁지 않기도 했습니다. 하지만 글쓰기가 꽉 막힌 숨통을 트여주는 삶의 무기임을 두 권의 책을 쓰며 경험했습니다. 내면의 어두운 부분을 글로 마주 보고 대화했을 때 늘 새로운 해답을 찾아왔거든요.

그렇게 조금씩 모아온 날것의 감정을 드디어 함께 나눌 수 있게 되었습니다. 섣부른 위로를 건네기보다 그저 함께 공감하고 싶었습니다. 비록 아름답진 않더라도 그런대로 진흙은 걷어내어 다행이지 않나 싶습니다.

'고통'을 주제로 시작했던 글의 끝자락이 이상하리만큼 희망으로 물들어 버렸습니다. 시간은 조금 걸릴지 모르지만 분명한 건 지금 꿋꿋이 견디고 있는 이 힘듦도 언젠가는 저물 거라는 겁니다.

초록의 봄은 언제나 돌아옵니다.
애쓰지 않아도 늘 그랬듯이.

차례

프롤로그

미처 알지 못했을 뿐, 그것이 너의 전부는 아니야   06

Part 1. 움직이는 것도 멈추는 것도 나의 선택

틀린 삶도, 옳은 삶도 없다	17
우울을 벗어나는 장치	20
미안하지만 우린 그렇게 착한 사람이 아니야	23
변화의 시작점	26
불가항력	30
우린 행복할 자격이 있으니까	32
더 강한 사람이 되기 위한 성장통	36
모두가 특별하고 모두가 평범한	40
화낸 날은 늘 엉망이었다	42
오늘도 이너피스	45
무의미한 걱정	48
'때'를 놓치지 않는 방법	51

Part 2. 아직 나의 계절이 오지 않았을 뿐

모든 일에는 반드시 뜻이 있을 거라 믿는다	59
행복과 월급은 쌓일수록 좋다	62
과거가 후회될 때면	65
천천히 가면 좀 어때	68
내 감정을 돌보는 일	70
앞날을 걱정할 필요가 없는 이유	74
하고 싶은 일을 찾는 시간	75
어쩌면 당신도	78
진심에 진심입니다	82
그래 그럴 수도 있지	85
몰아치는 감정에 속지 않길	89
영원한 건 없으니까	92

Part 3. 나아지지 않아도 나아가는 중입니다

걱정 없는 날이 있을까?	101
매일 하지 않아도 괜찮아	104
앞으로 나아가고 싶은 너에게	107
잠시여서 소중한 인연	110
내가 요즘 사람에게 상처받지 않는 이유	113
함부로 해선 안 될 말	116
좋은 관계 = 계산하지 않는 것	118
혼자 착각하지 말 것!	121
자기혐오	123
모든 걸 혼자 해결하려 하지 마	127
나아지지 않아도 나아가면 그만이다	130
공감의 정석	132
아직 아무것도 완료된 건 없다	136

Part 1.

움직이는 것도
멈추는 것도 나의 선택

틀린 삶도,
옳은 삶도 없다

모든 이가 잘 살고 싶어 한다. 물론 나도 마찬가지다. 그런데 과연 '잘' 살아간다는 건 무엇을 기준으로 삼아야 하는 걸까. 사람에 따라, 또 상황에 따라 그 기준은 늘 변할 수 있기에 '딱' 정의 내리기엔 아주 모호해지기도 한다. 잘 사는 일이 누군가에겐 돈을 많이 버는 일일 테고, 또 누군가에겐 건강하기만 한 삶일 수도 있을 테니까.

오늘이 무슨 요일인지 기억조차 못 할 정도로 바쁜

사람은 햇볕을 맞으며 느긋하게 산책을 즐기는 모습이 부러울지 모른다. 반대로 일에 몰두하며 하루를 48시간처럼 바쁘게 살아가는 모습을 부러워하는 이도 분명 존재할 것이다. 그렇다면 누가 진정으로 잘 살아가고 있는 걸까.

잘 산다는 건 눈에 훤히 보이는 형태가 아니라, 스스로 느끼는 것이 가장 중요하다. 누군가의 삶을 부러워하거나 비교할 때 내 삶은 초라하고 아쉽게만 느껴진다. '나도 저렇게 살고 싶다'며 마음속으로 타인의 삶을 잠시나마 품으며 상상하기도 하지만, 한 가지 간과하고 있는 사실은 우린 그 사람이 아니라는 것이다. 잠시 보이는 행복 뒤에 끝없는 불행이 있을지는 아무도 모르는 일 아닌가. 잘 살고 있다는 정의를 내릴 수 있는 건 필터 없이 온몸으로 느낄 수 있는 나의 인생뿐이다.

몇 날 며칠을 불행하게 살다가도 어느 하루 좋은 사

람과의 만남만으로 '그래도 오늘은 참 좋았다'라는 마음이 들었다면 우린 잘 살아가고 있는 게 아닐까. 어쩌면 '잘 살아야 한다'는 생각이 아닌 '잘 살아내고 있다'는 느낌이 더 중요한 건 아닐까.

잘 살아가는 일에 정석은 존재하지 않는다. 하루를 잘 버텨 내고 다가올 내일을 무심히 받아들이는 것. 이게 다일지 모른다.

틀린 삶도, 옳은 삶도 없다. 어차피 망했다고 생각하다가도 우연히 마신 아이스 아메리카노 한 잔에 희망을 품는 게 삶이니까.

우울을
벗어나는 장치

'우울'이라는 감정을 얕잡아 보던 어느 날 마음에 작은 금이 갔다. 그 틈을 타 순식간에 스며든 우울과 지루하고 숨 막히는 대립이 시작됐다. 나아갈 방향을 잃어 지칠 대로 지쳤을 때 그 순간을 놓치지 않고 기어코 찾아온 익숙한 감정.

우울은 우스갯소리로 반려 감정이라고 해도 무방할 만큼 가까운 존재이기도 하다. 이 감정이 제멋대로 찾아올 때마다 열쇠 없는 방에 갇힌 것 같은 기분이었다. 오래 그곳에 갇혀 방황하다 보니 생각지 못한 '버튼' 하나를 발견하게 되었다.

그 버튼은 이제 그놈의 우울이 찾아와도 겁먹지 않게 하는 유일한 장치이자 탈출구가 되어주었다. 넓고 어두운 방이어서 버튼을 찾는 데 매번 시간이 걸리지만, 감정에 머무르는 시간은 확연히 줄어들었다.

나에게 그 버튼은 '시도조차 할 수 없는 사람'과 '기회조차 얻을 수 없는 사람'들을 떠올리는 것이었다. 또, 악착같이 살아내려 하는 오늘이, 누군가 그토록 원했던 내일이 지금 우리에게는 이미 주어졌다는 사실이다.

이토록 뻔하디 뻔한 생각이 내 마음을 지켜주고 내 삶에 간절함을 가져다주리라 예상하지 못했다. 한편으로는 이 마음 또한 나에게 기회가 주어졌기에 가능하지 않았을까 한다. 웃음을 잃어버린 지 오래며, 내일의 설렘보다 한숨이 먼저 나올 때 우린 반드시 기억해야 한다.

기회, 이것만큼 커다란 혜택이 있을까.

아직 우리에게는 끝이 오지 않았다. 시리도록 앙상한 나뭇가지라도 한 계절이 가면 잎망울이 맺히고 또다시 꽃을 피우지 않나. 그러니 힘들고 외로운 날을 보내는 우리에게도 그 기회가 만개하여 끝끝내 찬란히 날리리라 믿는다.

미안하지만 우린 그렇게 착한 사람이 아니야

인생이 언제나 아름답고 순수하지만은 않다는 걸 깨달았을 때, 외려 마음이 편안해졌다. 어려서부터 '착한 사람'이 되기 위해 늘 나보다 남을 의식하기 바빴다. 그럼에도 매번 좋은 사람일 순 없었고 때로 비뚤어지기도 했다. 선의로 한 말이나 행동이 왜곡되거나 강요당하는 순간 특히 그랬다.

니체는 말했다. "인간이란 선과 악 그 중간 어디쯤이다."

오늘 내가 착한 일을 했다고 해서 착한 사람이 되는 것도, 누군가에게 나쁜 기억으로 남았다고 해서 나쁜 사람이 되는 것도 아니다. 악이 완전히 선을 지배하는 상태만 아니라면 인간의 도리는 충분히 지켜지고 있다.

모든 게 완벽한 인간은 존재하지 않는다. 하루에도 몇 번씩 선과 악이 충돌하기에 좋은 사람, 나쁜 사람을 구분하는 것 자체가 말이 안 된다. 영화 <트루먼쇼>처럼 자신의 일거수일투족이 생중계된다면 "난 좋은 사람이니까 상관없어"라고 자신 있게 말할 수 있는 이가 몇이나 될까.

누구나 가끔은 빌런이 되기도 하고, 털어서 먼지가 꽤 많이 나올 수도 있다. 조각난 한 단면만 보고 그 전체가 옳지 않다고 할 수 있을까. 아마 그 또한 아닐 거다. 뜻하지 않은 상황과 생각 차이에서 일어나는 너무나도 자연스러운 일이기 때문이다. 그러니

"이건 잘했고 저건 잘못한 일이야"라며 자로 잰 듯 완벽히 재단하려 할 필요가 없다. 애초에 그건 불가능한 일이니까.

평생 좋은 사람이 되려 애쓰기보단, 모두가 손가락질하는 최악의 인간이 되는 것을 피하는 게 좀 더 마음 편한 선택일지 모른다. 좋은 사람이 되는 게 목표가 아니라, '지난날보다 더 나은 사람만 되자'라는 마음가짐으로 살아가 보자.

변화의
시작점

사라지지 않을 것 같던 흉터가 어느새 찾기도 어려울 정도로 아물어버린 경험이 있다. 문득 궁금해졌다. 마음에 입은 상처도 흉터 없이 사라질까?

돌이켜 봤을 때 마음의 상처는 결코 사라지거나 작아지지 않았다. 변함없이 그 자리를 지키며 오히려 자기 힘을 더 과시했다. 절대 여기에서 떠나지 않겠다고. 슬프지만 이 녀석은 언제나 그래 왔다.

시련은 미처 준비할 새도 없이 찾아와 평온했던 일상을 어지럽힌다. 그렇기에 고통을 받아들이는 자세가 중요하다. 소중한 일상이 고통에 휘둘리지 않도록. 즉, 고통을 내 뜻대로 이끌 힘을 키워야 한다는 거다. 내면의 힘을 키우는 '습관'을 만들어 감정이 쉽사리 무너지지 않게 준비해두어야 한다.

그 습관이라는 게 대단하지 않아도 괜찮다. 나는 마음이 갑갑하고 생각이 많아지는 신호를 느끼면 바로 몸을 움직인다. 가볍게 방 청소를 하거나 무작정 밖으로 나가 걷기도 한다. 일단 실행에 옮긴다면 변화는 시작될 테니까.

《계획된 우연》이라는 책에 이런 글이 나온다. 인간이 해결할 수 없는 문제를 유일하게 풀 수 있는 것은 시간이라고. 그런데 시간이 해결해 주는 동안 인간도 분명히 해야 할 일이 있는데, 그것은 바로 그 시간을 버티는 일이다.

어떤 상황이든 받아들이고 버티며 나아갈 때 새로운 변화는 찾아온다.

"삶은 고통과 권태 사이의 진자 운동"이라는 쇼펜하우어의 말처럼 고통은 두려운 존재가 아니다. 그냥 살아가며 느끼는 수많은 감정 중 하나일 뿐. 움츠리고 도망칠수록 더욱 나를 옭아맬 것이다. 나를 믿고 힘껏 밀어붙여 보자. 감정의 주인은 오직 '나'뿐이다. 움직이는 것도 멈추는 것도 나의 선택이다. 잠시 의욕을 잃어 오작동을 일으키더라도 바로 잡을 수 있다.

나는 그 어떤 감정도 제어할 수 있는 유일한 존재임을, 그럼에도 한 걸음 나아가는 용기로 새롭게 시작할 수 있음을 잊지 말자.

불가항력

아무리 철저히 계획을 세우고 머릿속으로 수없이 시뮬레이션 해 봐도 막을 수 없는 일은 기어코 일어난다. 그렇다. 우리가 모든 걸 해결할 순 없다. 제아무리 노력해도 해결할 수 없는 일은 늘 존재하니까. 삶에는 내가 바꿀 수 없는 일이 분명히 존재한다.

억지로 상황을 바꿔봐도 일어날 일은 기어코 일어난다. 어쩌면 바꾸고 싶었던 상황이 끝내 달라지지 않을 수 있다. 허나 그렇다고 해서 하염없이 바라만

볼 순 없지 않나. 상황을 당장 바꿀 수 없다면, 내가 그 상황을 대하고 맞서는 태도에 변화를 줘야 한다. 이미 일어난 일을 받아들이고 그 안에서 할 수 있는 최선을 찾아 실행해야 한다. 전부를 해결할 수 없더라도 아주 자그마한 변화일지라도 찾아야 한다. 나에게는 이것이 최선이자 최고의 선택이었다고 느낄 수 있도록.

"나는 늘 이 상황을 바꾸길 원하지만,
신은 늘 이 상황을 통해 나를 바꾸길 원하신다."

한동안 휴대폰 배경화면으로 해놓았던 문구이다. 이 문장을 보면서 확신했다. 우리에게 일어난 상황을 억지로 바꾸기보다 결국엔 내가 변해야 이 상황도 변한다는 걸 알아야 한다고.

우린 행복할 자격이 있으니까

서른 후반쯤이면 여유롭고 안정적인 모습이 되기를 기대했다. 하지만 서른 후반이 되자 힘든 시기만 연거푸 이어졌다. 태어나 처음으로 '외국으로 이민을 가버릴까' 하는 생각이 들 만큼 모든 걸 단절하고 새롭게 시작하고 싶었다. 꼬일 대로 꼬여버린 아주 막막한 현실. 그렇다고 모든 걸 던져버리기엔 용기도 없었거니와 현실적으로 어떤 여건도 맞아떨어지지 않았다.

이렇게 최악으로 치닫는 상황을 벗어나려면 신속히 문제를 인지하고 해결 방안을 찾아야 한다. 그런데 막상 부딪쳐 보면 그 방법이 내가 어쩔 수 없는, 능력 밖의 일일 때가 많다. 당장 내 능력으로 처리할 수 없는 일이거나 특히 가족에 관한 일이라면 상황은 더욱 처참해진다.

그토록 내가 도망치고 싶었던 일 또한 가족과 관련된 일이었다.

가족의 아픔을 지켜보며 평온했던 일상이 송두리째 흔들렸다. 이런 내 상황을 하소연하려는 의도는 전혀 없다. 이미 일어나 버린 일이고 지금 해결할 수도 없으니까. 다만, 이런 일이 우리 잘못으로 일어난 일은 아니라는 거다. 그런데 왜 우리가 이리도 자책하고 힘들어해야 하는 걸까.

당장 해결할 수 없는 고통에 온 마음을 다 쏟지 말

자. 하루하루 각자의 삶이 있다. 그 누구의 하루도 외면해선 안 되는 소중한 삶이다. 가족의 불행을 내 일처럼 중요하게 여기는 게 세상이 지향하는 도덕일지 모른다. 그렇다고 해도 내가 구겨지고 끝내 내 삶이 사라지는 일은 없어야 하지 않을까. 모든 걸 내팽개치고 살아가자는 말이 아니라, 그 불행 안에서 행복을 찾는 시간도 필요하다는 거. 잠시 웃는 하루를 보냈다고 미안할 필요도, 자책할 필요도 없다는 거다. 그 정도는 충분히 누릴 자격이 있으니까. 어느 날 갑작스레 불행이 찾아왔을 뿐 나의, 우리의 잘못이 아니지 않나.

내 삶을 저버리면서까지 전부를 쏟지 않기로 했다. 가족을 지키려는 의무감으로 버티며 지내왔지만 그건 해결책이 아니었다. 오히려 내 삶을 내팽개치지 않고 살아갈 때 불행은 조금씩 걷히기 시작했다.

내 삶을 함부로 대하지 않았더니 가족을 지킬 힘 또

한 생기기 시작했다. '나'를 소중히 여겼더니 나아갈 길이 보였다. 망설이지 않아도 된다. 일주일에 단 몇 시간이라도 행복을 찾자. 단순한 행동이 힘든 시절을 통과하게 해준 유일한 해방이었다. 가끔 예쁜 옷을 입고 친구를 만나고 맛있는 디저트를 사 먹어도 상관없다. 정말 힘들 때면 보란 듯이 펑펑 울어도 괜찮다. 원래 우린 이렇게 사는 게 맞으니까.

단 몇 시간, 몇 분의 행복일지라도 온전히 당신만의 행복이어야 한다. 누구도 아닌 오직 당신이 누려야 할 행복.

곧 올 거라 믿는다. 지금처럼 조금씩 행복을 만나고 마음에 안정이 쌓이기 시작할 때, 나도 모르게 "아 이런 날이 오긴 오는구나"라며 피식 하고 미소 지을 그날. 마땅히 누려야 할 행복을 누리며 살아갈 그날.

더 강한 사람이
되기 위한 성장통

"나쁜 경험은 없다"는 말처럼 모든 일은 내가 어떻게 바라보느냐에 따라 달라진다. 힘든 일일수록 유연하고 의연하게 받아들이는 태도가 필요하다. 지나치게 긴장하고 경직된 채로 살아간다면 나도 모르는 사이 몸과 마음에 통증이 하나둘씩 생겨날지 모른다. 깊은 고민과 걱정에 빠져있을 때 누군가 이렇게 말해준다면 어떨까.

"그럴 수 있는 거야. 누구의 탓도 아닌 운이 조금 나

빴을 뿐, 누구나 겪는 아주 자연스러운 과정일 뿐이야."

마치 물에 빠져 허우적거리는 나에게 공기가 빵빵하게 주입된 튜브를 던져주는 느낌일 것이다. 끝까지 버티는 건 내 몫이겠지만 새롭게 나아갈 힘을 얻은 기분이랄까.

나빴던 경험이 언젠가 내 삶에 꼭 필요한 성장통이 될지는 아무도 모르는 일이다. 애초부터 쓸모없는 경험은 없었던 거다. 어떤 일이든 그 안에서 나만의 의미를 찾을 수 있다면 값진 경험이 될 테니까.

모두가 특별하고
모두가 평범한

누군가의 삶을 부러워하지 않기로 했다. 어차피 사연 없는 인생은 없고 누구나 가슴 한편에 소설보다 더한 이야기를 숨긴 채 살아가니까. 잔잔한 플레이리스트를 찾다가 발견한 제목이 기억에 남는다. '인간은 유서에도 거짓말을 쓴다.'라는 말. 처음엔 조금 쓸쓸한 기분이 들었지만 곰곰이 생각해 보니 충분히 그럴 수 있겠다 싶었다. 소중한 이들에게 좋은 기억만 남기길 바랄 테니까. 그렇게 바라보니 더욱이 누군가의 삶을 보며 부러워할 필요도 비교할 이유도 없었다. 말하지 않았을 뿐. 누구에게나 사연은 존재할 테니 말이다.

화낸 날은
늘 엉망이었다

사소한 일에 화가 치밀어 그날 하루를 통째로 망쳐 버릴 때가 있다. 지나고 보면 별거 아닌 정말 사소한 일. '침착하자, 침착하자' 속으로 되뇌어도 이미 일어난 분노를 잠재우기란 좀처럼 쉬운 일이 아니다. 머리론 쿨하게 넘어가자 하지만 행동은 여전히 쿨하지 못했다. 그러고는 으레 뒤따라오는 후회 섞인 다짐, '다음엔 그러지 말아야지.'

우연히 유튜브에서 방송인 신동엽 님이 나온 영상

을 봤다. 그는 "요즘은 잘 살아 보려고 노력해서 화를 안 낸다"라고 말했다. 화를 내서 진짜 손톱만큼이라도 상황이 변한다면 몰라도, 어떤 일에서도 내가 화를 낸다고 달라지는 건 없었다고. 운전을 예로 들며 갑자기 끼어드는 차에 대고 욕해 봤자 그 욕을 듣는 건 나 자신뿐이기에 나에게 좋지 않은 영향을 주는 화는 내지 않는다고 했다. 고개가 끄덕여졌다.

가끔 사람들 앞에서 목소리가 커야지 나를 얕보거나 만만하게 여기지 않을 거란 착각을 한다. 그건 자신감과 당당함의 문제이지 무작정 언성만 높이면 분노 조절이 어려운 사람에 불과하다. 잘못이 없고 떳떳하다면 오히려 차분함이 그 상황을 악화시키지 않을 가능성이 높다. 화를 참는 것이 능사는 아니지만, 화가 우리에게 미치는 영향이 생각보다 크다는 걸 가끔은 일깨워 줘야 한다.

솔직히 나 역시 화를 다루는 데 서투르기에 모든 일

에 감정을 아끼고 흘려보내라는 말은 못 하겠다. 하지만 충분히 무시하고 넘어가도 삶에 딱히 큰 영향을 미치는 일이 아니라면 그냥 시원하게 보내버리자는 거다.

부정적인 일에 일일이 신경 쓰며 살기엔 내 시간, 감정, 체력, 이 모든 게 너무 아깝지 않나. 가치 없는 일 따위에 인생을 굳이 낭비하진 않아야지. 분노는 결국 남보다 나를 해치는 일이라는 것을 이젠 진짜 잊지 말자.

오늘도
이너피스

작은 일 하나에도 금방 평정심이 흐트러진다. 과하게 동요하지 않고 고요한 마음을 유지하는 일은 정말이지 어렵다.

작은 욕조 안으로 돌을 던지면 물은 사방에 튀고 파형 또한 크게 일 것이다. 똑같은 돌을 바다에 던진다면 어떨까? 아마 언제 던졌는지도 모를 정도로 고요함이 유지될 거다. 마음의 크기가 커지면 커질수록 위기를 아주 여유롭게 대처하는 힘이 생겨난다. 나는 여전히 옹졸하고 좁은 마음의 평수를 조금씩 늘려가는 중이다. 분명 연습은 필요하다. 감정에 휘청거리는 상황이 올 때마다 그 패턴을 파악하며 조금씩 개선해나가야 한다.

우리가 짜증을 내고 화를 낸들 달라지는 건 무엇이고 얻는 건 무엇일까. 자신을 위해서라도 감정을 아끼고 지켜내야 한다. 함부로 소모되지 않도록, 쓸데없는 곳에 낭비되지 않도록 말이다. 모두의 감정은 소중하다. 어느 하나 소외되어선 안 될 만큼.

요즘처럼 혼란스럽고 바쁘게 돌아가는 세상에서는 더욱이 내면의 고요가 필요하다. 그렇기에 내면 깊숙한 곳에서부터 천천히 감정을 살피고 관찰하는 연습을 해나가야 한다.

평정심을 유지하며 감정을 지켜내는 일은 쉽지 않을 거다. 단숨에 태평양 같은 드넓은 마음을 가지기란 턱없이 부족하다. 그래서 난 바다를 꿈꾸지 않기로 했다. 일단, 동네 목욕탕에 있는 아담한 '열탕'부터 시작하려 한다. 부단히 마음을 키워 가끔 감정의 파동이 일어나더라도 금세 잔잔해지는 호수가 되려고 노력한다. 평정심을 잘 유지하다 보면 삶이 행복에 좀 더 가까워지지 않을까?

내면의 고요를 위해 오늘도 내 마음에 집중해본다. 급하지 않게 천천히 '이너피스(Inner peace)'

무의미한 걱정

지금 하는 걱정이 나에게 필요한 걱정인지, 의미 없는 걱정인지를 정확히 파악해야 한다. 아무렇지 않게 잘 지내다가도 슬금슬금 기어나오는 걱정들. 대부분 이런 걱정은 나를 부정적인 방향으로 몰아가는 경향이 있다. 드문드문 떠오르는 걱정은 아무런 의미 없는 걱정일 확률 또한 높았다. 속이 텅 비어버린 껍데기와 같은 무의미라 할 수 있다.

당장이야 떠오를 때마다 마음이 불편할지 몰라도

그 걱정이 직접 당신 인생을 망치는 일은 없다. 부정적인 마음이 나를 괴롭힐 순 있겠지만, 삶을 무너뜨릴 만큼 중요한 건 아니라는 말이다. 지금 내가 발딛고 살아가고 있는 현실에서 무엇이 중요하고 가장 필요한 생각인지 확실히 알아야 한다. 쓸데없고 의미 없는 일에 내 피를 스스로 말려서는 안 되지 않을까.

진짜 필요한 걱정은 어쩌다 한 번씩 떠오르는 게 아니라 밤낮으로 어떻게 해결해야 할지, 어떤 식으로 마음을 다잡아야 할지 생각하게 되는 것이다. 숏츠 영상이나 인스타 피드를 넘겨보면서 뭘 먹을지, 뭘 살지와 같은 고민을 하다가 가끔 튀어나오는 생각이라면 그건 전혀 피 말리며 걱정할 일이 아니라는 거다.

공갈빵처럼 속이 텅 빈 걱정이 대부분임을 잊지 말자. 지금 나에게 가장 필요한 생각과 걱정이 무엇인지 알아차리는 것만으로 마음이 정돈되어 여유가 생겨날 테니. 내가 반드시 생각해야 할 일과 그렇지 않은 일을 구분할 수 있을 때 삶은 크게 변할 것이다.

'때'를 놓치지 않는 방법

현재는 너무도 중요하고 귀한 시간이라고 말하면서도 자신에게 실망하는 경우가 많아. 올해는 무슨 일이 있어도 내 일에 집중하며 한 해를 잘 마무리 지을 거라고 각을 잡으며 선언하지만, 얼마 못 가 고꾸라지기도 하지. 그렇게 변하지 않는 인생에 또 한숨이 나오고 자존감도 뚝뚝 떨어질 거야. "이렇게까지 하는데 안 된다고! 거봐, 난 안 되는 놈이야"라며 좌절감에 빠지기도 할 거고. 그런데 있잖아, 오긴 하더라. 아무리 변하려고 애쓰고 안달복달해도 오지 않던 그 변화가 어느 순간 갑자기 생겨나더라고.

스스로에 대한 실망감에 몇 개월, 몇 년을 무기력하게 살아갈지 모르지만, 어느 시점에 '이게 내가 맞나?' 싶을 정도로 집중력이 폭발하는 순간은 온다는 거야. 기다렸다는 듯이 마법처럼 모든 일이 술술 풀리는 순간도 말이지. 난 그 시기가 '때'라고 생각해. 삶의 전환점이 되는 순간. 그런데 함정이 하나 있어. 그 '때'가 왔을 때 준비되어 있지 않으면 기회는 금세 사라지는 연기와 같다는 거야. 신기루가 될 수도 있다는 거지. 그래서 매년 매 순간 다짐하며 지내는 게 어쩌면 당연할지 몰라. 갑자기 나타나는 그때를 놓치지 않기 위해 계속 시도하고 노력하는 게 그 순간을 붙잡을 유일한 방법이니까.

요즘 세상이 원망스럽고 내 인생만 꼬여버린 것 같아 짜증이 날 수 있겠지만, 세상은 우릴 등진 적이 단 한 번도 없었어. 모두 우리 자신이 세상을 외면하고 등지고 살아왔을 뿐이지.

무언가 시도는 하지만 성과는 없고 오히려 더 꼬여가는 것 같아도 이 모든 게 언젠가 우리에게 올 그 '때'를 위한 투자라고 생각하자. 공짜로 얻어지는 건 세상엔 없으니까. 올 거야, 분명히. 그러니 준비 단단히 하고 있어. 절대 놓치지 않도록. 지금까지 계획하고 실패하고 또 도전하고 노력했던 모든 게, 끝내는 삶의 쓸모였다는 거. 곧 알게 될 거야.

가끔은 뒷걸음 쳐도 되고,
언제든 쉬었다 가도 괜찮다.
당장 나아지지 않더라도,
다시 나아가면 그만이니까.

Part 2.

아직 나의 계절이
오지 않았을 뿐

모든 일에는 반드시
뜻이 있을 거라 믿는다

'설마 나에게 일어나겠어?' 우려했던 일이 실제로 일어나버렸다.

시험관 3차, 처음으로 임신이라는 축복을 만났지만 7주차에 계류유산 판정을 받았다. 참담했다. 왜 하필 우리인지 서운함이 치밀었다. 하지만 변하는 건 아무것도 없었기에 흐려진 정신을 다잡아야 했다. 이미 일어난 일이었고 무엇보다 아내가 잘 회복하도록 돕는 일이 나에게는 최우선이었다.

시간은 조금 걸렸지만 마음의 균형을 잡을 수 있었던 건, 나만 겪는 일이 아니라는 사실에 집중하면서부터였다. '그래, 누구에게나 일어날 수 있는 일이야'라며 스스로 '난 불행하고 불쌍해'라는 감정에 갇히지 않으려 노력했다.

이런 일이 일어난 뜻이 반드시 존재할 거라는 생각도 함께했다. 어쩌면 이 모든 게 좀 더 성숙하고 강한 부모가 되기 위한 과정이지 않을까 하는 생각.

솔직히 말하자면 겪어보지 않고서는 느낄 수 없는 아픔이다. 지금도 이 모든 게 꿈이었으면 싶으니까. 슬픈 일임은 분명하지만 여전히 희망은 우리 곁에 있고 그 희망이 우릴 살려낸다는 것을 알고 있다. 어떤 일이든 그 일이 일어난 이유는 반드시 있을 거라 믿으며 살아가려 한다.

그리고 그 이유가 앞서 일어난 일에 몇 배는 더 큰

희망으로 역전할 것도 말이다.

행복과 월급은
쌓일수록 좋다

하루가 멀다 하고 마음이 지칠 때 버틸 수 있었던 건, 가끔이지만 언제나 예외 없이 나타나 준 행복 때문이었다. 시간이 걸리더라도 반드시 나타나 주는 밀당의 귀재인 행복. 뭔가 시적으로 아름답게 표현하고 싶지만 아무리 생각해도 나에게 행복은 마치 월급과도 같다. 한 달에 한 번 정도 만나는 것도 비슷하고, 오래 머무르면 좋겠다마는 눈 깜짝할 새 사라지는 점도 비슷하다. 또 잠시나마 설레고 미소가 피어나기도 하는 것도 그렇다. 비록 잠시일지언정 그만큼 우리가 만날 수 있는 행복이 삶과 희망의 연결고리임은 분명하다.

불행 가운데 살고 있다고 느낄 때 알게 모르게 이미 행복을 만났을지 모른다. 스치듯 지나가 버리는 행복이 대다수라 온몸으로 느낄 새조차 없었겠지. 예전엔 반드시 행복하려고 살아갔지만, 요즘은 불행하지만 않길 바라며 살아간다. 그래서일까, 소소한 행복만으로도 충분히 위로받고 잘 살아갈 용기가 생겨나더라.

때론 울고 싶어도 가끔 찾아오는 행복에 잠시 웃을 수 있고 다시 일상을 보낸다면 충분히 만족하는 요즘이다. 찰나이지만 그 행복이 우리 마음에 조금씩 쌓여가고 있다는 것.

찰나의 행복도 결국 '행복'이었다는 것.

과거가 후회될 때면

멈췄으면 된 거다. 네가 어떤 실수를 했든 크나큰 잘못을 했더라도 멈췄으면 된 거야. 지금 살아갈 기회를 얻은 건 분명 이유가 있을 거고, 새롭게 태어나라는 신이 주신 기회일지 모르니까. 단, 잘못을 인정하고 반성하는 사람에게만 주어지는 아주 특별한 기회라는 걸 잊어선 안 되겠지. 그러니 누구보다 악착같이 더 살아내야지. 이 목숨과도 같은 기회를 허무하게 날려버리지 않았으면 해.

산에 올라가 산 내음을 맡을 수 있고, 바다에서 파도 소리를 들을 수 있음에 감사하면 되는 거야. 네가 무언가 배울 수 있고 새로운 일을 시도할 수 있는 것만으로도 이미 엄청난 축복이지 않을까.

가끔 네가 증오스럽고 가증스러워 보일지라도 그건 지금의 네가 아니라는 걸 기억하고, 반드시 현재를 살아가야 해. 세상엔 잘못을 저지른 사람이 넘쳐나지. 하지만 더는 너 자신을 그 부류와 엮거나 같은 대상이라 여겨서는 안 돼. 너는 멈췄고, 그들은 멈추지 못했으니. 자신을 찌르면서 억지로 아프게 살아가지 않아도 괜찮아.

충분히 웃고 행복을 기대해도 되는 사람이니까. 다시 말하지만, 지금을 살아야 해. 그게 진짜 너의 인생이잖아. 누군가 아직 끝나지도 않은 너의 인생을 평가하며 깎아내리려 한다면 이렇게 말해주자.

나를 평가하고 싶다면 내 삶이 다 끝난 뒤에 부탁한다고, 아직 난 진행 중이니까 남의 인생만 뒤쫓고 사는 네 인생이나 신경 썼으면 좋겠다고.

천천히 가면
좀 어때

단숨에 고통에서 벗어나야 한다는 생각은 나의 욕심이었다. 마치 잘못 산 물건을 환불받듯 이미 일어난 일도 쉽게 돌이킬 수 있다고 착각했다. 그렇지 않은 현실에 조급하고 답답할 수밖에 없지만 조금만 생각하면 되는 거였다. 우리가 살아온 시간, 이뤄냈던 결과, 이 모든 게 단숨에 일어난 일은 단 하나도 없었다는 것을.

조급함을 버리자는 어제의 다짐이 우습게도, 여전

히 불안한 오늘을 받아들여야 한다. 간절하게 원하는 일은 쉽게 이뤄지지 않으니까. 천천히 가도 괜찮다. 그래야만 내가 원하는 방향으로 올바르게 나아갈 수 있으니까.

고통은 집착에서 일어난다. 당장에 벗어나려 무리하면 오히려 길을 잃고 나아가지 못한다. 그러니 시선을 돌려 서서히 움직여 보자. 아직 우리가 원하는 시기가 오지 않았을 뿐 저마다의 때는 온다.

아무리 사악한 세상이라 할지라도 영원한 것은 없다고 했다. 그것이 우리가 겪는 어려움일지라도 말이다.

내 감정을
돌보는 일

6개월의 슬럼프를 겪었다. 예전에는 금방 정신을 차렸는데 내성이 생겼는지 이젠 시간만으론 쉽사리 해결되지 않았다.

무기력한 날들이 이어지던 어느 날, '이러다 정말 큰일 나겠는데' 하는 생각이 들었다. 당장 뭐라도 해야지 싶은 마음에 무작정 노트북을 챙겨 집 밖으로 나갔다. 자주 가는 카페에 도착해 커피를 마시며 노트북을 펼쳐 의식의 흐름대로 글을 쓰기 시작했다. 마음에 꽉 막혀있던 감정들이 어느 순간 조금씩 배출되는 기분이 들었다. 내 안에 오래 묵혀두었던 어두운 감정들이 새하얀 메모장 속으로 빨려 들어가는 듯한 느낌.

자신도 모르게 수많은 감정이 쌓이고 쌓여 마음에 가득 차버려 새로운 감정을 담을 수 없을 때, 우린 감정의 배출을 시작해야 한다. 슬픔, 불안, 우울 같은 부정의 감정들이 곪아 썩지 않도록. 나에게는 '글쓰기'가 바로 '감정의 배출'이었다.

살면서 스트레스를 피할 순 없지만, 그 스트레스를 얼마나 잘 푸느냐에 따라 삶의 질은 180도 달라진다. 급하게 서두르지 않아도 괜찮다. 다만, 마음에 가득 찬 부정의 감정을 조금씩, 천천히 내보내면 된다. 자신만의 방법으로 말이다.

누구도 이 슬럼프를 대신 끊어줄 순 없다.

나의 속도로 지금의 나를 바라봐주면 된다. 지금 너무 지쳐있는지, 더 잘해내고 싶은 마음에 과부하가 온 건 아닌지. 다그치지 말고 의심하지 말고 아주 잠시만, 나를 위한 시간을 내주자.

일시 정지일 뿐 끝은 아니다. 그러니 쉼표 하나 딱 찍고, 다시 나아가면 되는 거다.

앞날을 걱정할
필요가 없는 이유

'이거다!' 확신에 가득 차 시작했던 일도 흐지부지 끝날 때가 많았고, 아무리 치밀하게 계획을 세워도 예상치 못한 변수는 늘 생겨났다.

완벽한 타이밍이 찾아오길 기다리지 않아도 된다는 거다. 우연히, 무심코 시작한 일이 가장 소중한 존재가 되기도 하니까.

하고 싶은 일을
찾는 시간

퇴사하기 전 플랜 B를 만들어 놓고 그만둬야 한다는 말. 아무 일도 하지 않는 건 시간 낭비라는 말. 무슨 일이라도 시작해서 미래를 대비하라는 말.

지금껏 많이 들어 온 말이다. 틀린 말은 아니기에 그땐 아무런 대답조차 하지 못했다. 그러나 지금은 나와 비슷한 상황에 놓인 사람들에게 조금 다른 의견을 말하고 싶다.
어쩌면 당신 선택이 맞을지 모른다고.

하고 싶은 일을 찾기 위한 시간은 무척이나 중요하다. 잠시 모든 걸 멈추고 헤매는 게 당연한 거다.

당장 꿈이 없는데 "꿈을 찾아야 해"라는 말은 가끔 숨통을 조여온다. 진심으로 하고 싶은 일을 찾으려는 사람에게 압박은 오히려 독이 될 뿐이다. 어렵다. 어려운 일이 분명하다. 방황이 나를 비롯해 가족에게까지 짐이 될 수 있음을 안다. 생활고에 허덕일지도 모른다. 이렇게나 모험임을 알면서도 멈출 수 없는 이유는, 지금이 아니면 이 절실한 진심이 사라져 버릴까 봐. 용기란 용기는 모조리 끌어와 살아가는데 다음이 없을까 봐 두려워서다. 이토록 간절한 마음을 지닌 사람들을 어떻게 섣불리 평가하거나 판단할 수 있을까.

하고 싶은 일을 찾기 위한 시간은 생각보다 외롭고 응원받지 못한다. 뭐 그렇다고 해도 쉽게 포기하거나 또 곧바로 다른 일을 찾지 않을 거란 걸 분명 알고 있다. 그래서 난 그냥 당신의 외로운 방황을 온 마음을 담아 응원할 뿐이다. 비록 방황의 결과가 좋지 못하더라도 이미 충분히 얻었다고 말하고 싶다. 이루고 싶은 일을 위해 흠뻑 빠져 살아본 과정 자체가 귀한 시간이었으니까.

"인생은 하나의 실험이며 더 많이 실험할수록 더 나아간다." 미국의 사상가이자 시인 랄프 왈도 에머슨이 남긴 이 말처럼 다음 실험을 위한 경험치 하나는 얻게 된 셈이니 얼마나 큰 성취인가.

나와 다른 삶을 사는 당신일 테지만, 나와 같은 방황을 하며 사는 당신을 진심으로 응원한다. 시행착오의 여정 속에 누구보다 특별하고 멋진 당신만의 이야기가 쓰일 것을 기대해본다.

어쩌면
당신도

'어쩌면'이라는 부사가 때론 삶에 불을 붙여준다. 처음 유튜브를 시작했을 때도 그랬다. '어쩌면 구독자 수가 10만이 될지 모르는 거 아닌가? 그러니 해봐야지'였다. 글을 쓰기 시작할 때도 '어쩌면 내 글을 본 출판사에서 연락이 올 수도 있지 않을까? 일단 써보자'였다. 나에게 '어쩌면'이라는 단어는 자그마한 가능성일지라도 믿고 나아갈 용기를 주었다. 그리고 조금씩 가능성을 현실로 이뤄내기 시작했다.

처음부터 불가능한 이유만 찾는 사람은 가능성이 무엇인지조차 모르며 살아간다. 친구가 산 집값이 올랐다고 '아 그때 왜 안 샀을까' 한탄하지 않고 '뭐야 어쩌면 나도 충분히 가능하겠는데'라며 부동산 공부를 시작하면 된다. 시기 질투할 필요는 애초에 없다. 실현할 방법을 찾지 못했기에 스스로 가능성을 제한했을 뿐. 물론 실패할 수도 있겠지. 하지만 해보지 않고는 모르는 일이니까.

난 요즘도 또 다른 '어쩌면'을 찾으며 살아가는 중이다. 희망을 품는 순간 기적이 가끔 찾아와주듯, 모든 가능성의 문을 열어두어야 한다. 혹시 모를 그 일이 정말로 일어날지 모른다. 그러니 당연히 시도해 봐야 하지 않을까.

마지막으로, 아직 머릿속에 불가능이 가득한 이에게 현대그룹 창업주 정주영 회장의 말씀을 빌려 마무리해 보려 한다.

"이봐, 해봤어?"

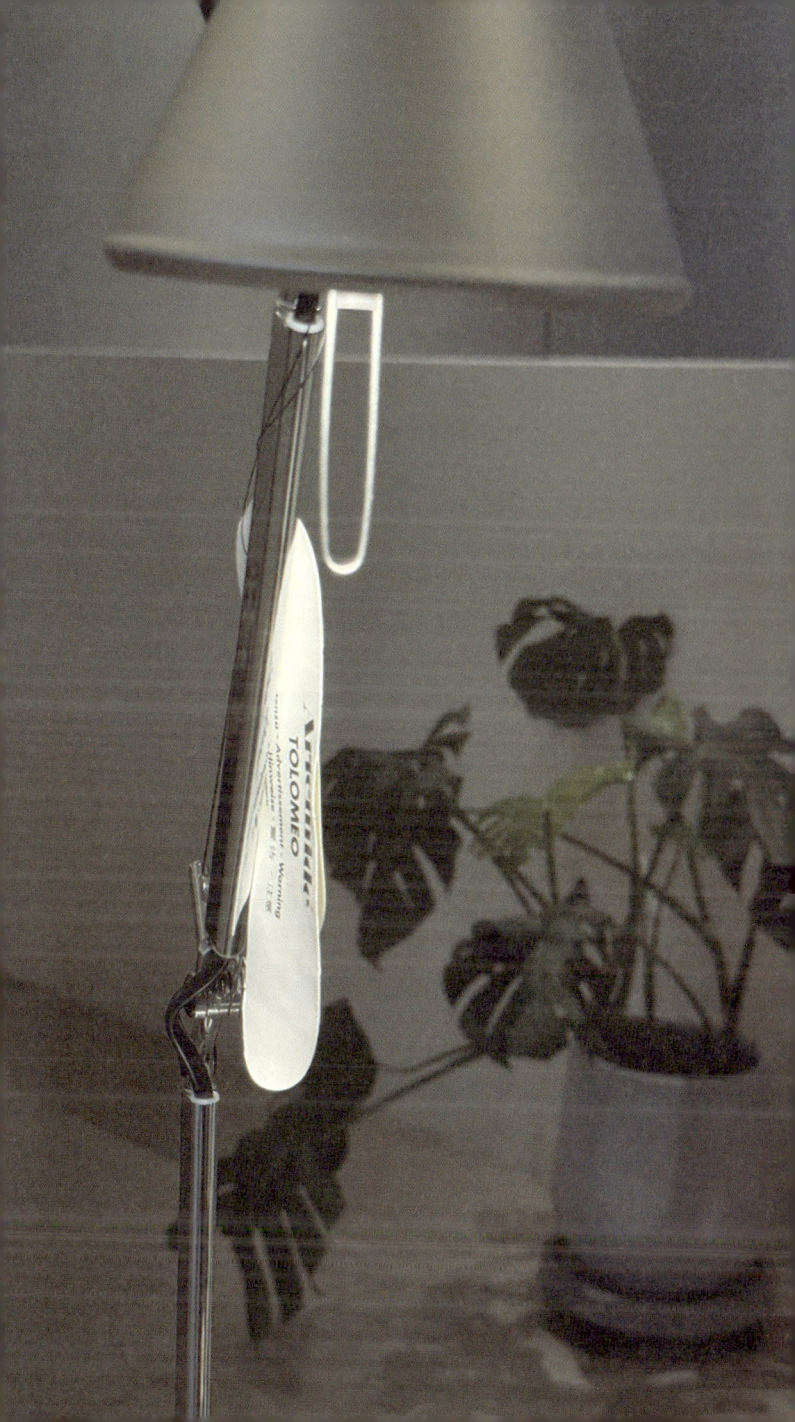

진심에
진심입니다

처음 글을 쓰기 시작한 순간부터 '잘 쓰고 싶다'는 생각이 지금까지 글을 쓰게 하는 원동력이 되어주었다. 유명한 작가님들의 글을 필사해보기도 하고, 몇 번씩 반복해 읽어가며 글의 흐름을 파악하는 연습도 했다. 어쩌면 그들처럼 인정받고 유명해지고 싶었는지도 모른다. 많은 사람이 내 책을 읽어주길 바랐으니까. 아무리 따라 해보려 해도 한계에 부닥쳤고, 오히려 글은 엉망이 될 뿐이었다.

무엇보다 진짜 나의 이야기, 내 것을 쓰지 않았기에 아쉽게 느껴지는 건 당연했다. 그럴듯해 보이려 엉성하게 포장한 글은 끝내 흐트러져 중심을 잃었다. 힘을 빼고 진심을 써내려갈 때에야 비로소 글에 힘이 붙어 자신 있게 나아갔다.

영상을 만드는 일도 마찬가지였다. 가끔 새로운 콘텐츠가 떠오르지 않아 시간에 쫓기든 만든 영상은 사람들의 반응이 저조했다. 반대로 내 이야기를 솔직하게 담을수록 사람들의 공감하는 댓글에서부터 확연히 차이가 났다. 진짜가 아니면 아무리 감추려 해도 어쩔 수 없이 티가 난다. 찜찜한 기분은 덤으로 붙겠지.

완벽하지 않아도 진심으로 표현할 때 나다운 삶을 살아갈 수 있다. 내가 가진 게 아닌데 가진 척하는 허영심을 경계하고, 외부의 인정과 타인의 시선이 우선되진 않았는가 되돌아본다.

진심은 서툴더라도 언제나 누군가에게 가 닿는다는 걸 믿기에 오늘도 쓰고 지우기를 반복한다.

그래
그럴 수도 있지

벌써 4년째 '글토크'라는 채널에 내 생각을 담은 영상을 올리고 있다. 가끔 댓글에 '어쩜 그렇게 긍정적으로 생각하시나요?'와 같은 질문이 달리곤 한다. 단 한 번도 제대로 된 답변을 남기지 못했다. 나에게 긍정은 그저 고통을 희석하기 위한 수단에 불과했기 때문이다. 현실은 아프고 버거운데 마치 매일 구름 한 점 없는 맑은 날인 것처럼 보이는 게 맘에 들지 않았다. 하지만 현실의 무게를 버티지 못해 만들어 낸 엉터리 고찰일 뿐. 긍정은 아무런 잘못이 없었다. 지금까지 잊지 못할 추억과 기쁨을 만들어 내고, 고통에 몸부림칠 때 날 안아주고 구해줬던 유일한 감정이었으니까. 그런 긍정을 애써 부정할 이유는 없었던 거다.

감정이 편안함에 이를 때면 마음에 '탁' 걸리는 무언가가 있다. 행복할수록 오히려 해결되지 않은 일이 떠오르며 행복을 가차없이 막아 세우곤 한다. 이젠 당연해서 억울한 마음도 예전보단 덜하다. 이 또한 긍정이 내 안에 자리 잡지 않았다면 가질 수조차 없는 마음이었을 것이다.

"그래 이 정도면 됐다. 이 정도라면 충분히 감사한 거다. 그러니 참으로 다행이다."
마음이 흔들릴 때 자주 내뱉는 문장이다.

머릿속에 떠오른 긍정적인 문장을 메모해두고 필요한 순간에 한 번씩 꺼내어 본다. 습관이 되면 애쓰지 않아도 자연스레 내 삶에 스며들 것이다.

'그럴 수도 있지'라는 사고방식을 지니려 노력한다.

느닷없이 마음의 전원이 차단되어 당황하더라도 걱정보다 가능성을 찾으며 살아가고 있다. 언제나 긍정이 부정을 이겨 왔으니까. 긍정을 이길 부정은 없다. 앞으로도 언제나 영원히 말이다.

몰아치는 감정에
속지 않길

평소 감정 기복이 심한 편은 아니지만 한번 크게 무너지면 한동안 아무 일도 손에 잡히지 않을 때가 있다. 안타까움과 슬픔의 전류가 온몸을 타고 흘러 세상 가장 불쌍한 인간으로 둔갑하기도 한다. 그만큼 감수성이 지나치게 예민해져서 저녁 10시가 되기도 전 이미 새벽 3시 30분의 감성에 젖는다. 이럴 때마다 정신은 메말라갔다. 감정에 심하게 중독되는 날이면 작은 해프닝으로 끝날 일을 부풀리고 부풀려 끝내는 핵폭탄급 사건으로 만들었다.

그때 느꼈다. 고통스러울수록 반드시 이성적으로 생각해야 함을 말이다. 슬프고 아파도 감성적으로 행하는 마음은 짧아야 한다. '불쌍해서, 안타까워서'라는 생각도 정리해야 한다. 꿋꿋이 견디고 있다는 거 잘 안다. 단호하게 말해 미안하지만, 그렇게 계속 감정이 앞선다면 변하는 건 없으며 메말라 버린 마음만 남게 되겠지.

자려고 누우면 나도 모르게 눈물이 고이고 내일이 와도 딱히 달라지지 않을 거라는 불안이 엄습할 때, 놓쳤던 이성의 끈을 다시 부여잡아야 한다. 그래야만 고통을 마주하고 이겨낼 힘이 생길 테니까. 때론 이성적 판단이 암울하고 뒤틀린 인생을 바꿀 유일한 수단이 될 때가 많다.

삶이 심하게 흔들릴 때면 그때만큼은 누구보다 냉철한 판단을 내려야 한다. 안타까운 시선으로 바라만 보다가 정작 내 삶은 퍼렇게 물들여질 테니 말이다. 어떻게 마음먹느냐에 따라 세상은 밝고 투명한 빛을 낼 테니까.

감정에 치우쳐 힘없는 종이 인형처럼 살아가기엔 아까운 삶이다. 내가 만든 동굴에 갇혀 빛이 들어오기만 바라며 그저 기다리진 말아야지. 당장은 힘들더라도 밖으로 뛰쳐나가 직접 빛을 찾는 길이 가장 빠를 테니까.

이 당연한 사실을 잊지 않기로 하자.
빛이 나에게 오기만을 기다리는 게 아니라
빛이 있는 곳으로 내가 직접 찾아가면 된다.

영원한 건
없으니까

삶의 기본값은 긍정이지만 때때로 최악의 상황을 떠올리게 된다. 어려운 문제에 맞닥뜨리면 일어날 수 있는 최악의 데이터를 끌어오는 것이다. 누군가는 왜 굳이 좋지 않은 결과를 미리 생각하는지 의아할 수 있다. 나로서는 그 최악의 경우를 상상하며 뜻밖에 용기를 얻어왔기에 멈출 수 없는 습관이 되었다. 특히 삶을 대하는 태도가 바뀌기 시작한 건 '죽음'에 집중하면서부터였다. 어디서나, 누구에게나 일어날 수 있는 사고를 전해 들을 때면, 어쩌면 나에게도 가까운 일이 될지 모른다고 생각했다.

누구나 죽는다는 건 모두가 아는 사실이다. 하지만 그 사실을 자신에게 투영시켜 매 순간을 소중히 살아가는 이가 얼마나 될까? 나와는 동떨어진 일이라 가볍게 생각하는 편이 쉽다. 나 역시 '언젠가 때가 되면 죽겠지'라는 허세 가득한 말을 늘어놓기도 했다. 인생의 끝이 오지 않을 거라는 망각에 빠져 살았던 거다. 생의 마지막 순간에 직면하지 않는 한 그 소중함이 피부에 와 닿지 않을 수 있다. 하지만 죽음 직전에 죽음을 생각하는 일이 과연 얼마나 큰 의미가 있을까?

신은 우리에게 가장 값진 능력 하나를 주셨다. 그건 미래를 예측할 수 있는 능력인데 우린 이를 잊은 채 사소한 일에 시간을 허비한다.

메멘토 모리(Memento mori)

죽음을 항상 기억하며 살아가야 한다.

태어날 때부터 신은 우리에게 죽음을 심어주었다. 나뿐만이 아니라 내가 사랑하는 가족, 친구도 함께 말이다. 죽음을 떠올리면 풀리지 않던 일도 단순한 문제로 느껴진다. 할까 말까 망설였던 일의 시작, 나중으로 미뤄두었던 효도, '죽음 앞에 한낱 먼지에 불과할 뿐'이라는 겸손.

시작했으면 끝은 반드시 존재한다. 언제 멈출지 모르지만 주어진 시간은 언제나 값지고 아름답다는 것 또한 변함없다.

악착같이 살아낸다고 인생이 영원할 순 없다. 죽음은 그만큼 누구에게나 평등한 존재니까. 오늘에 집중하고, 후회를 반복하는 행동은 멈춰야 한다. 인생의 끝, 죽음을 늘 기억하며 살아가길 바란다.

후회 없이 Memento mori.

Part 3.

나아지지 않아도
나아가는 중입니다

걱정 없는 날이 있을까?

하루에도 수만 가지 생각을 하며 살아간다. 아마 대부분은 의미 없고 쓸데없는 생각과 상상일 것이다. 생각의 흐름이 조금이라도 삐끗할 때면 걷잡을 수 없는 고뇌가 이어진다. 그러다 심하게 어긋나는 순간 망상에 빠지는 상황에 이르기도 한다.

누구나 그럴 수 있다. 나도 한때 현실성 없는 생각에 사로잡혀 쉽사리 빠져나오지 못한 경험이 있으니까. 심각한 정도에 따라 대처해야 하는 방향은 각자 다르겠지만, 특정 인물에게만 일어나는 일은 아닐 것이다. 쓸데없는 상상이 번지는 순간 나에게 가장 중요했던 건, 반드시 현재에 깨어있는 것이다. 혹여나 깊은 고뇌에 빠져 비현실적인 생각이 머릿속을 지배할 때면 얼른 정신을 다잡아야 했다.

찬물로 머리를 감든, 밖으로 나가 뛰든, 뭐든 해야 한다는 거다. 정신을 차리고 생각의 흐름을 바로 잡는 게 우선이다. 아닌 건 확실히 아니라고 끊어내야 하고, 꼬리에 꼬리를 무는 걱정에 지배당하지 않기 위해 악착같이 빠져나와야 한다.

다시 말하지만 우린 늘 깨어있어야 한다. 과거의 후회와 미래에 대한 불안이 모여 망상을 만들어 내기에 우리에게 '지금'만이 존재한다는 사실을 기억해야 한다. 오롯이 현재에 집중해야 한다. 삶이 나를 끝끝내 넘어트리고 짓밟으려 해도 어떤 상황에서도 '반드시 살아내자'라는 마음을 가져야 한다.

내가 원하는 게 무엇이고 당장에 할 수 있는 일은 무엇인가. 이 두 가지만 삶에 장착한다면 쓸데없는 걱정은 자연스럽게 사라지는 거였다. 나도 이 사실을 깨닫는 데에 오래 걸렸다. 여전히 바둥대며 살아간다. 하지만 적어도 나를 망치려는 생각에 휘둘리는 일은 현저히 줄었다고 자부한다.

어지럽고 시끄러운 내면의 소리에 더는 동요하지 않길 바란다. 오늘 할 수 있는 최선이 무엇인지 기억하고 실행하면 된다. 막막하고 겁이 나더라도 내 삶의 우선순위를 적어보고, 아주 작은 일이라도 다음 스텝으로 나아가면 된다.

매일 하지 않아도 괜찮아

더 성장하고 싶고, 더 건강해지고 싶고, 더 여유로운 삶을 살고 싶어 하는 마음은 소중하다. 이 소중한 마음을 지키려고 자신만의 '루틴'을 만들어 실천해 나가는 이들을 쉽게 찾아볼 수 있다. 사소한 루틴일지라도 나를 위해 시간을 내는 일은 삶의 활력소가 되어준다. 문제는 이마저도 '효율적으로', '완벽하게' 해내려는 마음이 강박이 되어 우리를 더 힘들게 한다는 것이다.

'더 빨리 좋은 결과를 낼 효과적인 방법이 없을까?'
'하루라도 빼먹으면 왠지 불안하고 찝찝한데…'

가벼운 마음으로 시작한 일이 점점 무거운 자책감과 스트레스로 변해 결국에는 아예 포기해 버리기도 한다.

최근 나에게도 루틴 하나가 생겼는데, 바로 잠들기 전에 기도하는 것이다. 벌써 3개월이 넘도록 단 하루도 빠짐없이 지켜왔다. 누가 시키지 않아도 간절한 마음에 스스로 하는 행동이지만, 사실 이것도 나에겐 강박이었다. 여행을 가거나, 일이 생겨 하루라도 기도를 놓치는 날이면 그동안 간절히 기도했던 것들이 이루어지지 않을 것 같았다. 진심 어린 마음으로 시작했던 순수한 기도였는데 어느 순간부터 의무감으로 변해버린 것이다. 횟수가 아닌 믿음이 가장 중요한데 말이다.

무조건 해내야 한다는 생각이 스트레스로 쌓이면 오히려 안 하느니만 못한 게 된다. 한 번 빼먹을 때마다 불안해지고 본질은 흐려질 테니까. 뭘 자꾸 해야 할 것 같고 안 하면 큰일 날 것 같은 강박. 가끔은 놓치고 지나가도 되는 거였다. 매일 무언가를 꾸준히 한다는 건 생각보다 어려운 일이어서 익숙해지기까지 시간이 필요하다.

매일 하지 않아도 괜찮다. 그만두지만 않는다면 언제나 해내는 중이니까. 오늘 무언가 놓쳤더라도 내일 그 마음이 변하지 않았다면 달라지는 건 없다. 꾸준함은 잠시 멈추더라도 다시 시작하는 것에서 나오니 말이다.

앞으로 나아가고 싶은 너에게

자책은 이제 그만해. 계절이 이렇게나 많이 변했잖아. 그걸로 이미 충분해. 과거는 과거로 보내줘야지. 그것이 현재를 살게 놔두지 마. 네가 아무리 되돌리고 싶어도 그럴 수 없는 지나버린 일이니까. 지금 이 시간을 네가 어떻게 보내는지 그게 중요한 거야. 단순하게 생각해야 해. 바꿀 수 없는 일들에 집착하지 않고, 앞으로 바꾸어 나갈 수 있는 것들에 집중하면 되는 거야. 그렇게 우린 늘 다음을 준비해 나가면 돼. 끝나버린 것들이 아닌 시작을 기다리는 무한한 너의 현재와 미래를 믿고 가면 돼. 아니 믿고 가야 해.

진짜는 지금이야.
할 수 있어, 다시 하면 돼.

잠시여서
소중한 인연

열차에 올라탔다. 함께 타는 사람도 여럿 있다. 그렇게 한참을 가다 보니 농담을 주고받으며 어느새 꽤 친해지기도 하고, 깊은 속마음까지 조심스레 나누기도 했다. 그런데 그때 누군가 환승을 하기 위해 내려야 한다고 말했다. 또 누군가는 도착 지점이라 내려야 한다고 했다. 그렇게 시간이 지나면서 한 명씩 떠나갔고, 다음엔 내가 내려야 할 역이 다가왔다. 아쉬워하는 사람도 있었지만, 대다수가 아무런 관심도, 반응도 없었다. 열차 문이 열렸고, 나 또한 뒤돌아보지 않고 아무렇지 않게 발을 내디뎠다.

내가 생각하는 인간관계를 그린 모습이다. 10대부터 30대 후반에 이르기까지 늘 그랬다. 마치 평생을 함께할 것 같은 사람들도 결국은 자신이 가야 할 곳을 향해 떠나갔다. 뒤돌아보지 않고 서슴없이 떠나갔다. 조금은 냉정해 보였지만 당연한 일이었다. 그곳이 그 사람의 도착지였으니 말이다.

나이가 들어가며 친구의 숫자가 줄어든다고 서러워하거나 아쉬워할 이유가 없다. 오래도록 만났던 사람과 연이 끊어졌다고 자책할 필요도 없다.

단지, 각자가 내려야 할 도착지가 달랐을 뿐이다.

또 하나, 그 도착지엔 나를 포함한 다른 이도 분명 함께 내렸다는 것. 살아보니 알겠더라. 헤어져야 할 사람은 어떤 식으로든 하늘이 갈라놓고, 만나야 할 사람은 온 우주가 어떤 방법을 동원해서라도 당신 앞에 나타나게 한다는 것을.

내가 요즘 사람에게 상처받지 않는 이유

혈액형으로 성격 유형을 고작 4가지로 분류하던 시절이 있었다. 21세기인 지금은 그보다 조금은 더 세분화된 MBTI가 그 자리를 대신하고 있다. 딱히 이 테스트에 큰 의미를 두거나 신뢰하는 건 아니지만, 한 가지 도움을 받았던 건 확실하다.

사람마다 공감하는 방법에 차이가 있다는 점을 알게 된 것이다. 평소 대화할 때 상대방이 내 말에 왠지 시큰둥한 반응을 보여 서운한 순간이 있다. 감정형(F)인 분들은 공감하겠지만 '내가 뭘 잘못했나?' 싶어 혼자 내 말과 행동을 곱씹어 보기도 한다. MBTI를 알기 전엔 '싫으면 말로 하지 왜 저런 행동을 하는 거야?'라며 상대방을 무례한 사람으로 취급하기도 했다.

생각해 보면 사고형(T)의 사람은 그만의 방식으로 공감해 주었다. 내가 힘들어하는 문제의 해결책을 함께 고민하고 제시해 주는 방법으로 말이다.

같은 상황, 같은 공간에 있어도 모두가 똑같은 방법으로 공감하는 건 아니다. 현실성이 강하고 논리적이며 객관적으로 판단하는 T, 대인 관계를 중시하고 감정 표현에 진심인 F.

생각보다 단순하게 받아들여야 했다. '모든 사람이 나와 같은 사고방식을 가지고 살아가진 않구나'라는 마음가짐이 필요했다.

감정은 누구나 자유롭게 표현할 수 있다. 다만 누군가에게 서운함을 느끼거나 상처를 받았을 때 분명히 해야 하는 건, 상대방의 진심을 내 마음대로 각색해버리면 안 된다는 거다.

우린 모두가 각기 다른 인격체이다. 하물며 가족과도 성격이 달라 사사건건 부딪치는데 타인에게 무조건 배려하고 공감해주길 바라는 것 자체가 욕심이지 않을까. 나라마다 문화 차이가 심하듯 인간관계도 마찬가지다. 누구나 어릴 때부터 이미 자신만의 국가를 설립한다. 서로의 문화를 조금씩만 더 존중할 때 비로소 오해와 상처가 줄어들 것이다.

모든 사람이 나와 같은 사고방식을 가질 수 없다. 생각 이상으로 너무나도 다를 수 있다. 그러니 굳이 상처까진 받지 않아도 괜찮다. 이상, 지극히 'F'의 관점으로 바라본 의견이었습니다.

함부로 해선
안 될 말

말이 적을수록 적이 없고, 말을 줄일수록 복이 온다는 말이 있다. 아쉽게도 난 말하기를 좋아하는 사람이라 이 조언이 살짝 씁쓸하긴 하다. 그러나 이 말의 중점은 따로 있다고 생각한다. 말하는 행위 자체가 삶에 마이너스라는 게 아니라, 하지 말아야 할 말을 생각 없이 하는 게 문제가 된다는 거다. 특히 확실치 않은 이야기를 마치 직접 본 듯 서슴없이 내뱉는 행위가 잘못됐음을 말한다.

아무리 진실을 말해도 오해가 생기는 게 말이고 와전까지 되어 버린다면 아마 더 무서운 일을 초래할지 모른다. 그렇기에 우린 매사에 신중해야 한다. 한번 당겨진 화살이 다신 돌아오지 못하듯이 말도 입 밖으로 내뱉는 순간 주워담을 수 없다는 걸 알아야 한다. 내 의도는 그게 아니었을지라도 화살을 당길 수 있는 건 나 자신뿐이라는 걸 잊어선 안 된다.

"벽에도 귀가 있다"는 속담을 항상 머릿속에 새겨 놓으려 한다. 내가 한 말에 책임지는 사람이 되려 노력한다. 쉽진 않지만 내가 좋아하는 말을 계속해 나가려면 지켜내야 한다. 말은 사람과 사람 사이를 연결해 주는 매개체이자 때론 힐링을 주는 행위이다. 조심스럽지 못한 소통으로 고통을 만들지도 주지도 않도록, 신중히 말을 뱉어내야 한다.

    물고기는 언제나 입으로 낚인다.
    인간도 역시 입으로 걸려든다. 《탈무드》

좋은 관계 =
계산하지 않는 것

인간관계에 대한 고민은 주기적으로 찾아온다. 그에 대한 내 생각도 계속해서 변해왔다. 결국 인생은 혼자라고 느끼다가도 힘들 때 곁에 있어 준 친구가 없었더라면 어땠을까 생각하게 된다.

'어떻게 하면 좋은 관계를 유지할 수 있을까?'라는 질문을 수없이 던져보았고 책과 영상을 통해 배우기도 해봤지만 언제나 쉽지 않았다. 사람을 대하는 일에 아무리 능숙하다 한들 벽에 부딪히곤 하는 게 관계였으니까. 딱히 비범한 방법이 있는 건 아니다. 하지만 요즘은 인간관계에서 계산하며 다가서지 않으려 한다. 어떤 만남에서든 잘 보이고 싶은 마음에 꾸며내거나 계산적으로 다가섰을 때 그 관계는 오래갈 수 없었기 때문이다. 연인이든 친구든 어떤 관계에서도 마찬가지였다.

마음을 함께 나누는 일은 이토록 어렵기에 늘 신중해야 하며 소중히 여겨야 한다. 내 진짜 모습을 속이면서까지 만남을 유지하는 건 건전지를 끼운 로봇에 불과할 뿐, 언젠가 고장이 나버려 들통 나기 때문이다.

내가 아무리 잘해도 나의 진심을 무시해 버리는 사람을 만날 때도 있다. 안타깝게도 그런 사람을 하나하나 피하며 만날 순 없다. 복잡한 관계 속에서 이것저것 따져봤지만 결국 내가 바뀌는 게 가장 현명한 선택이었다. 나 때문에 관계가 틀어지지 않도록 하는 일이 우선이다. 상처받기보단 상처를 주는 것이 훨씬 더 고통스럽기에 그와 똑같은 인간이 되지 않는 게 더 중요했다.

진심에 진실을 담은 만남을 가졌으면 좋겠다. 어떤 관계에서도 반드시 끝은 존재하겠지만, 그 끝을 맞이했을 때 자책하는 모습을 마주하진 말아야지. 타인에 의해 억울하고 분해서 울더라도 적어도 '내가' 밉고 싫어지는 순간은 막아야지.

나와 완벽하게 맞는 사람들만 구별해서 만날 순 없다. 오직 내가 진심으로 다가가 진실한 사람을 놓치지 않는 것. 그게 중요했다. 계산하지 않는 마음, 진짜를 보여주는 행동. 좋은 관계를 위해 오늘도 하나씩 연습해나가는 중이다.

혼자
착각하지 말 것!

누군가를 다 안다는 생각은 착각이고 오만이다. 관계는 일어나는 상황에 대응하고 받아들이는 일이지 내 멋대로 판단해서 내리는 결정이 아니었다. "난 그 사람을 잘 알아! 이래도 괜찮아."라는 말도, 대체 누가 괜찮다는 걸까. 다른 사람을 제멋대로 판단하고 자신이 늘 옳다고 여기는 사람은 상대방을 존중하지 않는 미성숙한 인간일 뿐이다.

모든 걸 당연하게 여기는 마음도 마찬가지다. 친구

가 약속 때마다 일찍 나와 기다려 주거나 내가 원하는 걸 항상 들어주는 것. 이런저런 아주 사소한 모든 게 당연시 여길 일이 아니었다. 이건 배려이며 존중인 거다.

당연한 건 없다. 나에게 주어진 상황, 관계 그 무엇도 가벼이 치부해 버려선 안 된다. 솔직한 건 좋지만, 때론 솔직함으로 무장한 날카로움이 상대방에게 큰 상처를 입힐 수도 있다.

3번만 생각하자. 말과 행동을 하기 전에 딱 3번만 더 생각하고 걸러내야 할 건 걸러내면 된다. 타인의 마음을 다 이해하거나 통제할 수 있다는 생각. '당연히 이게 맞을 거야'라는 오로지 내 생각만을 반영한 이기적인 마음. 이런 실수는 이제 그만 멈춰야 한다.

자기혐오

자신을 미워하고 움츠리게 될 때가 있다. 흔히 경험하는 자기혐오로 인해서 말이다. 그런데 그런 시기를 되돌아보면 이상하리만큼 이미 지난 과거의 일로 인한 것이 대부분이었다. 자책과 한탄이 뒤섞여 떠올리기조차 싫은 일. 처음엔 그 후회를 받아들이는 데 꽤 오래 걸렸다. 몇십 년이 흘러도 머릿속에 각인되어 있으니 말해 뭐 할까. 걷다가 발목을 삐끗할 확률로 지금까지도 문득 튀어나와 날 몰아세우기도 한다. 하지만 세월이 지나온 만큼 나 역시 많이 변했다. 그 시절 어리고 미성숙한 소년의 마음도, 감수성 풍부한 이십 대의 감정도 이젠 아니지 않나. 세월은 많이 흘렀고 후회에 맞설 만큼 단단해졌다.

'후회하지 않는 방법' 같은 게 있을까? 아직도 모르겠다. 다만 오늘 한 선택의 옳고 그름은 시간이 지나야지만 알게 되는 것을 깨달았다. 모든 후회가 아픔으로 남지 않고 변화와 성장의 계기가 된다는 것도 확실히 알게 되었다. 후회하고 또 후회해도 괜찮다. 후회한 만큼, 딱 그만큼 성장할 테니까.

후회에 절어 자신을 혐오하는 동안에도 또 다른 나를 발견할 수 있다. 매번 회피하고 억누르다 보면 나중에 감당할 수 없는 화가 치밀지 모른다. 힘든 일이지만 있는 그대로의 나 자신을 좀 더 이해하고 받아들이는 게 중요하다. 후회는 언제고 다시 떠오른다. 하지만 더는 후회되는 일을 떠올리기만 하는 게 아니라 그 후회 때문에 성장한 내 모습을 떠올리며 감사해야 한다. 그 후회 덕분에 오늘 좀 더 나은 내가 되었다. 이 정도면 오히려 고마워해야 하지 않나.

그래서 말인데,
고맙다 후회야.

모든 걸 혼자
해결하려 하지 마

의지만으로 모든 걸 해결할 수 없음을 인지해야 한다. 무엇보다 '이 힘듦을 나 혼자 짊어지고 내 선에서 끝내버리자'라는 주인공 병에 걸리는 불상사는 막아야 한다. 안타깝게도 난 그 주인공 병에 걸린 후에야 알게 되었지만 말이다.

근심을 나눠보려 시도조차 하지 않고 속앓이하며 미련하게 버텼다. 그러다 보니 그 아픔이 내 인생에 들어와 마치 세입자가 된 듯 지내기도 했다. 문제는 내 의사와 전혀 상관없이 계약 기간이 자동으로 연장되었고, 자칫 주객이 전도될지 모른다는 끔찍한 생각도 들기 시작한 것이다. 도저히 혼자 감당할 자신이 없었다.

용기를 내 누나에게 힘든 마음을 털어놓았다. 온전히 내 힘으로 해결해보려 했던 무거운 짐을 드디어 발 앞에 내려놓게 되었다. 그냥 고민 상담하듯 이야기를 나누고 하소연했을 뿐인데 마음이 점차 진정되었다. '어쩌면 생각보다 큰일이 아닐지 몰라'라는 생각이 불현듯 스쳐 지나갔다.

아픔을 홀로 삭일수록 상처만 더 깊게 파인다는 걸 그때 알게 되었다. 아무리 발버둥쳐도 도저히 해결되지 않는 일도 존재한다는 것도. 굳이 내 괴로운 마음을 다른 누군가에게 공유하는 일이 미안하고 짐을 떠넘기는 행동처럼 느껴질 수 있다. 그렇다고 계속 혼자 떠안고 간다면 우린 그 아픔에서 자유로워

질 수 없다. 내 발 앞에 내려놓아야만 그것을 딛고 올라서든 잠시 쉬어가든 할 테니까.

아픔을 나눈다고 곧 행복으로 변하지 않는다. 그렇지만 무언가를 새롭게 얻기 위해서는 반드시 내려놓아야만 한다. 혹시 얻어지는 것이 없다고 해도 내려놓음만으로 우리에게 너무도 간절한 회복을 위한 시간이 될 수 있다. 혹시 또 모르지, 세월이 흘러 '그땐 그랬었지' 웃으며 추억하게 될지도.

나아지지 않아도
나아가면 그만이다

아주 오랜 시간 나아지지 않는다는 건 어쩌면 더는 나아질 것이 없어서일지 모른다. 할 만큼은 다 해봤는데 조금도 나아지지 않는다면 때론 인정하는 마음도 필요하다. 놓아버리기엔 아쉬움이 가득하겠지만 자칫 욕심이 커지면 우린 더 깊은 착각에 빠질 테니까. 단편적인 생각에 갇힌 채 욕망과 현실을 구분하지 못하면 삶에서 소중한 걸 놓치거나 잃게 된다. 아직 지켜야 할 것들은 많다. 나 자신도 물론이다. 인정은 포기가 아니었다. 오히려 또 다른 자유를 부르고 또 다른 시작을 만들 뿐.

나아지지 않으면 어떤가,
또다시 나아가면 그만이다.

공감의
정석

내가 아닌 타인의 감정을 완전히 공감한다는 건 너무나도 힘든 일이다. 글을 쓰면서도 '내 글이 누군가에게 진심으로 다가갈 수 있을까?', '아무런 공감이 되지 못하면 어쩌지?' 하며 뒤숭숭해진 마음을 가까스로 다잡을 때도 많았다. 누군가의 괴로움을 완전히 이해하고 공감한다는 말은 어쩌면 거짓에 가까울지 모른다. 그런데 완벽까지는 아니더라도 충분할 만큼 공감하고 공감 받아왔다는 건 또 부정하진 못하겠다. 누군가의 고통을 함께 나누며 눈물 흘리기도 하고, 어떤 이의 위로 한마디가 나를 안도하게 했으니까. 그 눈물은 가식도 거짓도 아닌 진심이었으니 말이다. 그래서 알았다. 내 마음이 진짜라면 굳이 애쓰지 않아도 상대방에게 닿을 수 있다. 상대방의 입장이 되어 완벽한 위로를 해주고 싶겠지만 그건 '불가능'이다.

어떤 마음도 똑같은 괴로움은 없다. 각자가 지닌 아픔의 무게는 자신만이 알 수 있으니까. 그렇기에 공감은 머리로 이해하는 것도 이해받는 것도 아니었다. 단지 그때 상황에, 반응에 맞게 일어나는 모든 감정과 진심이 결국 공감이었으니까. 난 언제나 공감의 힘을 믿으며 살아가려 한다. 내가 받고 주는 이 모든 공감에서 위안을 얻고 힘을 낼 수 있었기 때문이다.

무언가를 억지로 만들어 내거나 해결해야 하는 게 아니었다.

공감, 단지 진심으로 감정을 공유하는 것.
그거면 된다.

아직 아무것도
완료된 건 없다

"일어나야 할 모든 일은 일어날 것이고 그 일들로부터 우리를 보호해 줄 것은 아무것도 없다."
엘렌 코트의 시 《초보자에게 주는 조언》에 나오는 이 구절을 좋아한다.

세상은 냉혹해서 이미 일어나 버린 일은 스스로 해결하고 이겨내야 했다. 누군가의 도움을 받을 순 있겠지만 수습하고 마무리 짓는 건 온전히 내 몫이다. 떼를 쓸 상황도 아닌 여지없이 받아들여야 하는 실제 상황. 어떤 일이 일어났느냐에 따라 부정의 크기는 제각각일지 모르지만 지금 당장 우리가 해야 할 일은 단순하고 분명했다. 인정하고 현실을 직시하자. 곱씹어 봤자 변하는 건 스트레스로 망가지는 몸과 마음뿐이라는 걸 알아차려야 한다. 이미 엎질러진 물을 쳐다보며 한탄한다고 해서 달라지는 건 없다. 오직 달라질 수 있는 건 우리의 정신. 그뿐이다. 마음먹기에 따라 엎질러졌든 부서졌든 다시금 달라질 수 있다.

나쁜 감정은 빠르게 전환되어야 한다. 오래도록 품으면 품을수록 내성이 생겨 아픔만 가중될 뿐. 실수, 후회, 상처, 아픔에 오래도록 붙잡혀 생기를 잃은 채 살아가선 안 된다.

어쩌면 이번 생은 틀렸다고 여길지 모른다. 힘듦이 거듭될수록 더욱이 그럴지도 모르겠다. 그런데 우리 아직 끝까지 가본 건 아니지 않나. 살아가고 있고, 살아내고 있지 않나. 삶을 비관하고 망했다고 하기엔 아직 완료된 건 아무것도 없다.

안 좋은 마음이 저항조차 할 수 없을 정도로 마구 피어나 요동치는 날이 생겨나더라도 반드시, 당신 삶을 이미 틀렸다고 착각하지 않기를 바란다. 과정을 겪고 있을 뿐, 틀려 버린 삶은 아니니까. 언제든지 틀리지 않았다는 걸 보여주면 된다. 우린 아직 끝까지 가보지 않았다. 아무것도 완료된 건 없다.

그 어떤 순간도 결코,
외롭지 않았으면 좋겠다

초판 1쇄 발행 2025년 1월 16일

지은이 양경민
펴낸곳 글토크

출판등록 제337-2024-000024호(2024년 11월 4일)
이메일 talk1031@naver.com

ISBN 979-11-990249-0-8 (03810)

- 책값은 뒤표지에 있습니다.
- 잘못 만들어진 책은 구매하신 서점에서 교환해 드립니다.
- 이 책 내용의 일부 또는 전부를 재사용하려면 반드시 사전에 저작권자의 서면 동의를 받아야 합니다.